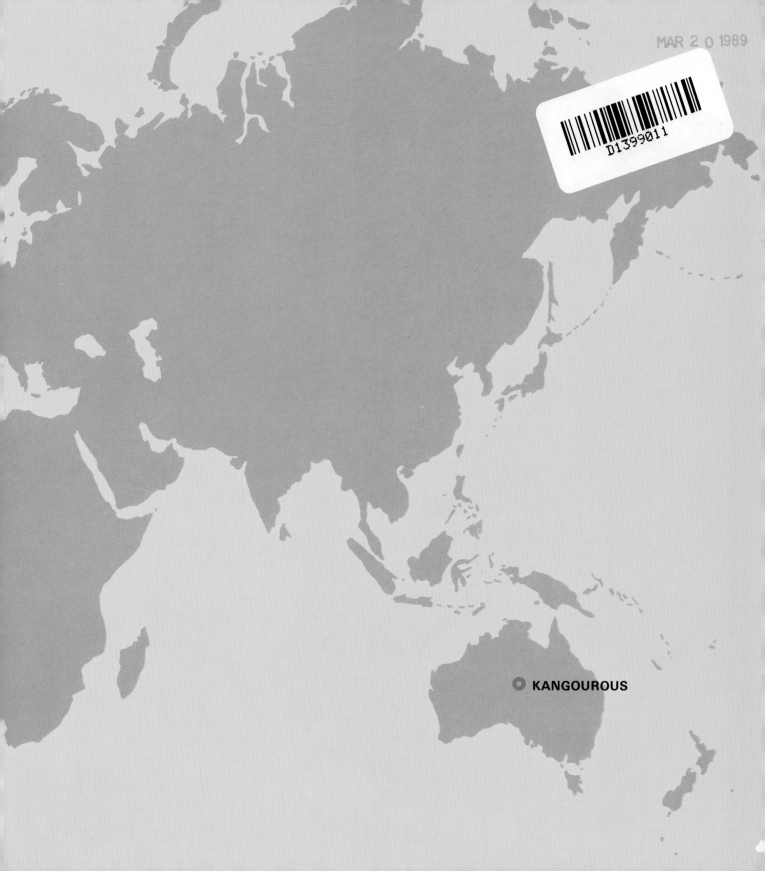

KANGOUROUS

Titre original de l'ouvrage : *En el país de los canguros*
© Parramón Ediciones, S.A.
© Bordas. París, 1987 pour la traduction française

ISBN : 2-04-018029-X
Dépôt légal : septembre 1987

Imprimé en Espagne en septembre 1987
par CAYFOSA - Ctra. de Caldes, km 3
Sta. Perpètua de Mogoda - Barcelona (Espagne)
Dépôt légal : B. 29.902-87

Au pays des
kangourous

Jesús Ballaz · Horacio Elena

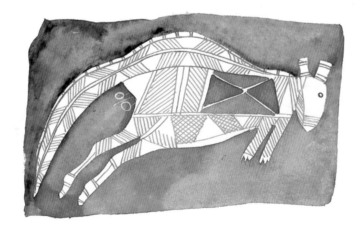

Bordas

Mirdawarr la petite Australienne

Aujourd'hui Mirdawarr a dix ans. Elle est contente. On n'a pas tous les jours dix ans. À cette occasion, plusieurs familles aborigènes sont venues la voir. Les habitants de la plaine qui vivent isolés les uns des autres, ne se retrouvent que pour célébrer de grandes fêtes comme le sont les anniversaires.

Quelques Blancs ont été invités. Il s'agit de Monsieur Holt, de Monsieur Merzo et de leurs familles. Mirdawarr a la peau très brune, presque noire. Ses yeux sont profonds comme l'océan, aussi grands que la plaine australienne où elle est née.

Sa mère a fait cuire une énorme galette sur les braises.

Son grand-père, un vieil homme aux cheveux blancs comme la neige, raconte aux enfants que c'était une coutume de leurs ancêtres Pitjantjatjara.

Mirdawarr s'est hissée sur la pointe des pieds, et elle a soufflé d'un seul coup ses dix bougies. Alors, tous ont chanté *Joyeux Anniversaire* en anglais, comme les Blancs.

Puis le grand-père a récité dans son vieux dialecte :

« Autrefois, il y avait beaucoup de gens qui vivaient ici ; des enfants qui barbotaient dans l'eau, qui riaient et chantaient, mais tous sont partis maintenant, il ne reste plus rien. Plus rien n'est comme avant. »

Radio école

Mirdawarr ne va pas à l'école. Il n'y a pas d'école à Rabbit Flat, petit village de trois maisons. Cependant elle a un professeur qu'elle aime beaucoup, surtout pour sa voix douce. Il s'appelle Fred Carpenter.

Il habite à 500 kilomètres de là, à Alice Springs, en plein cœur de l'Australie.

Il travaille dans une des douze émissions de radio de la ville.

Par la radio, il donne des cours à des centaines d'enfants disséminés sur tout le territoire du Nord, région de l'Australie presque désertique.

Il peut être écouté, grâce à la radio, dans un espace d'un million et demi de kilomètres carrés, c'est-à-dire trois fois grand comme la France.

Mirdawarr suit la classe à la radio avec John Holt et Marinella, ses deux amis. Ensemble, ils font leurs devoirs par correspondance.

Mirdawarr est impatiente d'aller à Alice Springs passer ses examens pour connaître ses professeurs, surtout Fred Carpenter. Lorsqu'elle allume la radio le matin, il est dix heures d'après l'heure officielle du pays. Mais pour elle il n'est encore que sept heures. Ces doubles horaires sont ennuyeux. Parfois cela peut être amusant.

L'Australie est un pays si grand avec des horaires tellement différents !

La petite fille pense parfois qu'il est impossible qu'ils tiennent tous sur une seule montre. Cela fait rire son grand-père qui connaît l'heure uniquement en regardant le soleil.

Un rêve : visiter Alice Springs

Mirdawarr est impatiente de connaître Alice Springs.

Son amie Marinella lui a raconté comment sont les boutiques, les cinémas et la patinoire. Habituée au silence et à l'isolement, elle ignore ce que peut être l'activité d'une ville, le bruit continu des voitures, et les lumières qui se reflètent dans les vitrines. Elle aimerait connaître tout cela.

Trois maisons perdues dans l'immense plaine australienne

Mirdawarr habite dans une espèce de ferme perdue dans l'immensité du territoire du Nord. Les Anglais appellent cela une *Cattle Station*. Trois familles habitent là. Monsieur Holt est le propriétaire des bâtiments et de presque tout le bétail. Il dit qu'il possède

4 000 vaches et plus de 8 000 brebis et moutons, mais cela reste encore à prouver.

— Il y a aussi, explique-t-il furieux, des milliers et des milliers de lapins... une véritable calamité pour les récoltes !

Autrefois, il parcourait à cheval les 25 kilomètres où il faisait paître son bétail. Maintenant, il les parcourt dans sa puissante Toyota tout terrain.

Monsieur Holt a eu de la peine à rassembler des troupeaux de cette impor-

tance, car les dingos, les chiens sauvages australiens, s'attaquent au bétail.

En plus de la famille de Mirdawarr, qui est aborigène, les parents et les frères de Marinella vivent à la ferme. Ils sont australiens. Ils sont arrivés à Sydney il y a déjà dix ans. Cinq années plus tard, ils se sont retrouvés sans travail et ils ont entendu dire qu'on avait découvert de l'or à l'intérieur des terres. Alors ils ont décidé d'aller habiter ces territoires, bien que les conditions de vie y soient très dures.

La vie à la ferme

La vie de Mirdawarr à Rabbit Flat est assez ennuyeuse. Il ne se passe jamais rien. Le pire qu'il puisse encore arriver c'est que la radio ne marche plus. Alors ils sont complètement isolés.

Lorsque quelques dingos affamés s'approchent des habitations cela apporte un peu d'émotion surtout lorsque les trois chefs de famille et le frère aîné de Mirdawarr partent une ou deux semaines pour marquer le bétail, ou surveiller les petits qui viennent de naître.

Alors même Mirdawarr, qui n'a que dix ans, peut prendre un fusil pour défendre la ferme.

Parfois, ils partent aussi chasser ce drôle d'animal qu'est le kangourou. Un jour, Mirdawarr a vu près de la ferme une maman kangourou qui portait son petit dans sa poche ventrale. Le bébé kangourou n'avait que quelques mois.

Il était si mignon que la petite fille voulut s'approcher pour le caresser, mais la mère s'est éloignée en faisant des grands bonds dans la plaine.

Mirdawarr aime particulièrement le moment de la récolte du blé.

Quelques aborigènes qui vivent dans une réserve à 50 kilomètres de là viennent les aider. Mirdawarr est contente de revoir une partie de sa tribu. Ils forment une véritable famille, même s'ils ne sont pas tous parents.

De temps en temps le silence est rompu par l'arrivée des camions qui apportent des provisions ou emportent du grain et du bétail.

La tonte

Quand vient le moment de la tonte, tous les habitants de Rabbit Flat sont très occupés.

Renzo, l'intendant de Monsieur Holt, et son fils aîné, un grand garçon d'une vingtaine d'années, parcourent toute la plaine pour rassembler les brebis et les moutons

dispersés. Le rugissement de leurs motos rappelle le hurlement des dingos.

Après une dure journée de travail, ils regroupent les brebis dans un enclos. Le lendemain, les deux meilleurs tondeurs de moutons de toute la région, Joe et Lenny arrivent. Ils manient les tondeuses avec la même habileté que lorsqu'ils tondaient les moutons avec une simple paire de ciseaux.

Joe et Lenny appartiennent tous les deux à la tribu Alyawarra, et vivent de l'autre côté du fleuve encore d'une façon très primitive. C'est un fleuve qui est sec la plus grande partie de l'année.

Joe et Lenny respectent encore les coutumes de leurs ancêtres. Ils travaillent seulement de temps à autre lorsque c'est nécessaire. Ils ont un peu de bétail et cultivent quelques lopins de terre. Cela n'a pas toujours été ainsi : autrefois, ils vivaient uniquement là où la nature était la plus généreuse et le climat le plus chaud.

La laine, une des richesses de l'Australie

Mirdawarr les regarde travailler. Elle ne peut s'empêcher de se sentir très proche d'eux, même si elle a accepté de vivre comme les Blancs, ainsi que l'ont déjà fait ses parents.

Les brebis tondues sont relâchées. Chacune d'elles abandonne une épaisse toison de laine.

Les colons anglais ont commencé l'élevage des brebis pour fournir en laine bon marché leurs usines de fils et de tissus.

L'Australie n'a jamais froid. Elle a de la laine plus qu'il n'en faut pour se protéger.

La vie est rude dans les plaines. Mais les habitants sont si peu nombreux qu'il y a des richesses pour les plus entreprenants et les plus courageux.

L'arrivée des camions

Il ne vient jamais personne à Rabbit Flat. Ou plutôt seulement une caravane de camions de temps en temps. En dehors de la radio, c'est pratiquement le seul contact avec le monde extérieur.

Voilà comment s'est passée la journée :

—David et ses amis sont arrivés ! s'écrie John, le fils aîné de Monsieur Holt.

—Il n'y a donc pas de bière fraîche dans cette maison ? s'exclament les camionneurs sitôt descendus de leurs camions.

Les quatre camionneurs ont la gorge desséchée par la poussière soulevée pendant leur voyage. Ils apportent d'Adelaïde des provisions pour les 80 000 habitants d'Alice Springs, en plein cœur du pays.

De là, ils traversent tout le territoire du Nord, 1 500 kilomètres en ligne droite. Quatre camions chargés de la laine des brebis de Monsieur Holt feront la dernière partie du trajet jusqu'à Darwin, sur la côte nord.

Le bonheur de rencontrer de vieux amis

Les quatre moteurs se sont arrêtés en même temps. Les enfants entourent les camions, fascinés.

—Nous sommes un peu en retard car nous avons rencontré en route une bande de chevaux sauvages, quelques dingos, un kangourou paresseux...

David qui est toujours de bonne humeur raconte de magnifiques histoires aux enfants. Mais il est probable que pendant leur voyage ils n'ont vu en tout et pour tout qu'une petite ferme et un motel isolé.

L'arrivée des camionneurs est un événement pour les habitants de Rabbit Flat. Mirdawarr les attend toujours avec plaisir. Elle aime parler avec David. Il la prend sur ses genoux et lui parle des familles de kangourous qu'il voit de son camion. Mirdawarr aime les animaux. Ils sont l'emblème de son pays. Cela fait dix ans maintenant que David vient la voir. Le jour où elle est née, il a dû l'emmener à Darwin parce que la naissance ne s'était pas bien passée.

—Que devient ma filleule ? demande-t-il.

Les Australiens d'Australie et ceux d'Europe

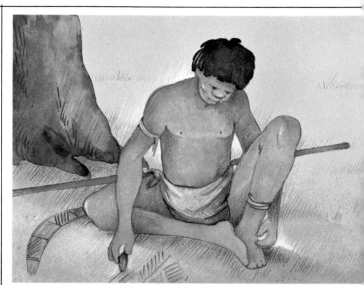

Le grand-père de Mirdawarr, Yunupingu, a toujours vécu dans une réserve. Maintenant à cause de sa maladie, il vit chez sa fille.

Monsieur Holt dit souvent :

—Yunupingu est pessimiste parce qu'il se fait vieux. S'il pouvait aller chasser le kangourou ou le lapin, il n'aurait pas de si tristes pensées.

En fait, si le vieil homme est triste, c'est parce qu'il a visité voilà quelques années la côte est et le Sud de l'Australie. Il a vu ce que les Blancs font là-bas. Il répète souvent à ses enfants et petits-enfants :

—Nous autres aborigènes aimons vivre tranquillement. Nous aimons chasser avec notre fidèle boomerang, dormir sous un arbre et écouter le chant des oiseaux, et le bruit des animaux dans la plaine. Mais il ne nous reste plus rien de tout cela.

Mirdawarr écoute son grand-père attentivement. Elle ne sait pas qui a raison. Selon son grand-père, ils avaient reçu la terre de leurs ancêtres pour la garder et la préserver.

L'Australie moderne

onsieur Holt dit que la terre appartient à ceux qui la cultivent. C'est pour cela qu'il n'hésite pas à [j]eter de la nourriture empoisonnée du haut [d]es avions pour tuer les dingos, les chiens [s]auvages qui attaquent les troupeaux.

Il est certain qu'avec le temps les Blancs [s]ont devenus les maîtres de la terre austra[l]ienne.

Les aborigènes désiraient uniquement [p]rendre ce que la terre leur donnait, non [à] posséder. Ils établissaient un campe-

ment et mangeaient ce qu'ils chassaient et cueillaient. Quand ils ne trouvaient plus rien, ils changeaient d'endroit.

L'Australie d'aujourd'hui a été faite par les Européens sur le modèle de l'Europe. Et les aborigènes leur ressemblent de plus en plus, même s'ils ont la nostalgie de ce qu'ils ont été.

« Maintenant, le chasseur n'échange plus ce qu'il a chassé. Nous travaillons pour de l'argent et nous payons ce dont nous avons besoin ».

Les histoires du grand-père Yunupingu

Yunupingu raconte de belles histoires. Certaines se racontaient déjà dans sa tribu, les autres il les a entendues à Uluro.

—Tu as entendu tout cela sur le mont Uluro, lui dit parfois sa petite-fille.

—Mais oui, tu sais bien que nos histoires sont arrivées là-bas, où vivaient nos ancêtres.

Cet endroit situé au cœur de l'Australie, pas très loin d'Alice Springs est considéré comme une montagne sacrée. Elle s'élève entre les territoires de deux clans : les Mala, ce qui signifie petit kangourou, et les Kunia (serpents jaspés). De nombreuses tribus ont encore un animal comme emblème. Selon de vieilles traditions aborigènes, tout est resté figé depuis le temps des ancêtres, le temps du sommeil.

—C'est depuis ce temps-là que les hérissons ont des piquants et les tortues des carapaces, explique le vieil homme de sa voix douce.

—Sais-tu pourquoi ? demande-t-il à sa petite-fille.

Comment la tortue trouva sa carapace

Mirdawarr ne sait pas quoi dire et, intriguée :
— Tu le sais toi, grand-père ? Alors, raconte moi !
— Autrefois, au temps du sommeil, un

échidné se disputait avec une tortue car tous les deux voulaient manger le même escargot. La dispute dura très longtemps et les deux animaux étaient furieux. Après les insultes, ils sont passés aux actes comme cela arrive aussi aux hommes. Emportée par sa colère, la tortue a pris une poignée de tiges de bambous qu'elle a lancé sur l'échidné.

Elle les a lancées si fort que les tiges se sont enfoncées dans la peau de l'échidné et se sont transformées en piquants. Le hérisson furieux a jeté à son adversaire une énorme pierre. Celle-ci est restée sur le dos de la pauvre tortue et s'est transformée en carapace.

Depuis ce jour, les deux animaux ont l'aspect que tu leur vois aujourd'hui.

L'aventure est encore possible

irdawarr est arrivée à Alice Springs. Elle est venue voir ses professeurs et en particulier Fred Carpenter. Ses deux amis John et Mariella l'accompagnent. Ils ont fait le voyage dans la cabine du camion de David, qui transportait du poisson. Après avoir roulé pendant des kilomètres en soulevant des nuages de poussière rougeâtre, ils sont arrivés dans la ville.

Fred était content de voir trois de ses élèves. Il les reconnaissait à leur voix. Après leur avoir demandé comment marchaient leurs études, il leur a proposé de faire la connaissance de Robyn Davidson.

—C'est une fille charmante et très courageuse. Je suis persuadé que vous l'aimerez. Elle n'a que 25 ans et elle a réalisé un véritable exploit : elle a traversé pendant 9 mois le désert Gibson, en direction de l'Ouest, avec trois chameaux.

Robyn elle-même raconte son aventure :

—J'avais rêvé de ce voyage pendant de nombreuses années. J'avais envie de découvrir jusqu'à quel point je pouvais résister à la solitude, je voulais me fondre dans la nature... la poussière, le vent du désert, le manque d'eau, le danger que représentent les bêtes sauvages, rien ne pouvait m'empêcher de tenter cette aventure ! Et j'ai réussi ! L'aventure est encore possible.

Kurt, le vieux chercheur d'or

Le *bush*, ce désertique territoire du Nord n'attirait personne quand j'étais jeune, raconte le vieux Kurt aux enfants.

Le grand-père de John, vieil homme à la peau tannée par le grand air et le soleil aimait se souvenir du temps où il était pionnier :

—Personne n'osait venir ici, à part les ambitieux et les courageux, dit-il.

—Toi tu étais comme eux, grand-père ? demande John.

—Non, pas du tout. Je suis né à Alice Springs, d'un père allemand. J'ai dû travailler très jeune car mon père était paralysé. Alors j'ai eu envie de devenir riche très vite et j'ai ouvert une mine. J'ai dû aller à

50 kilomètres avec trois amis : un blanc,
n métis, et un aborigène.

Quand nous trouvions un endroit où il y
vait de l'or, nous construisions un petit
bri de branches et de plaques d'alumi-
ium. Nous vivions là. Nous travaillions
uatorze heures par jour, avec des pics et
es pelles, animés par une étrange fièvre.

Nous emportions de la nourriture pour
uatre semaines : des conserves, de la
iande fumée, de la farine pour faire du
ain... Parfois nous chassions un kangou-
ou des lapins. Nous salions la viande et
ous la mettions à sécher. Quand ma fem-
e venait et nous préparait à manger c'é-
it une vraie fête.

Pour le vieux Kurt, comme pour tous
eux qui furent pionniers comme lui, ce fut
époque glorieuse de l'Australie.

—On travaillait énormément, sous un
leil brûlant ou dans des galeries infer-
ales. Mais au moins, on vivait d'espoir,
onclut Kurt.

—As-tu trouvé beaucoup d'or comme tu
espérais ? lui demande Mirdawarr.

—Je n'ai même pas trouvé l'équivalent
'un lingot entier. Pour ça il faut être pil-
eur de banque. Mais avec beaucoup de
es pépites, nous avons acheté du bétail
our Rabbit Flat et mon fils a construit les
aisons que nous habitons.

Le privilège d'être Australien

Les Australiens sont relativement peu nombreux pour se partager de si grandes richesses.

Les aborigènes eux aussi veulent en profiter. Ils connaissent les intérêts des Blancs et ils savent que ces richesses leur appartiennent autant qu'aux Blancs. Ces fils de pionniers venus de toute l'Europe ont construit l'Australie moderne.

Mirdawarr pense que l'Australie est si grande que tout le monde peut y vivre : les petits-enfants de Yunupingu, comme elle, bruns, rêveurs, qui sont là depuis des milliers d'années avec les kangourous, et les petits-enfants de Kurt, comme John, entreprenants, réalistes et tenaces... Elle en parle quelquefois avec son ami, et ils n'ont aucune difficulté à se comprendre.

Ensemble, ils apprennent à respecter la terre et à l'aimer comme Yunupingu ; ils apprennent comment la travailler et la cultiver pour avoir de bonnes récoltes.

Mirdawarr et John sont les deux visages de cette immense Australie.

PS-11/89
HA-5/90

ESQUIMAUX

PEAUX-ROUGES

HC